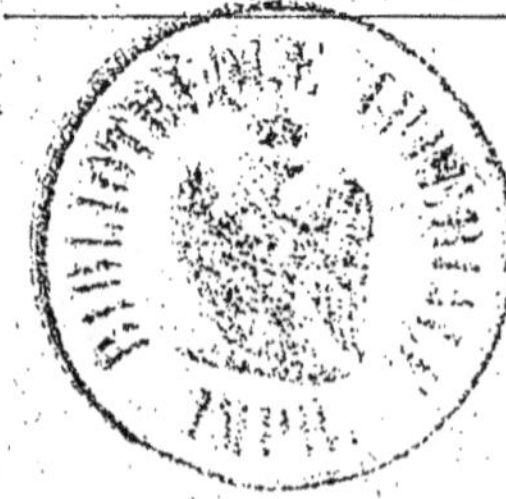

Fragment

POUR SERVIR A

L'HISTOIRE DE LYON,

PENDANT

LES ÉVÉNEMENTS DU MOIS D'AVRIL 1834;

par

J. P. Pointe,

DOCTEUR EN MÉDECINE DE LA FACULTÉ
DE PARIS, PROFESSEUR DE CLINIQUE MÉDICALE
A L'ÉCOLE DE MÉDECINE DE LYON, MEMBRE DE LA SOCIÉTÉ
LITTÉRAIRE DE LA MÊME VILLE, CORRESPONDANT DES SOCIÉTÉS DE
MÉDECINE PRATIQUE DE MONTPELLIER, TOULOUSE, BORDEAUX, MARSEILLE,
LA NOUVELLE-ORLÉANS, ETC., MEMBRE DES COMITÉS DE
SURVEILLANCE DES ÉCOLES PRIMAIRES, MÉDECIN
DU GRAND HÔTEL-DIEU DE LYON, ET
MÉDECIN DE LA MANUFACTURE
ROYALE DE TABACS
DE CETTE
VILLE.

LYON.

MAIRE, LIBRAIRE, RUE MERCIÈRE.

1836.

IMPRIMERIE DE L. BOITEL, QUAI ST-ANTOINE, 36.

Fragment

POUR SERVIR A

L'HISTOIRE DE LYON,

PENDANT

LES ÉVÉNEMENTS DU MOIS D'AVRIL 1834;

par

J. P. Pointe,

DOCTEUR EN MÉDECINE DE LA FACULTÉ
DE PARIS, PROFESSEUR DE CLINIQUE MÉDICALE
A L'ÉCOLE DE MÉDECINE DE LYON, MEMBRE DE LA SOCIÉTÉ
LITTÉRAIRE DE LA MÊME VILLE, CORRESPONDANT DES SOCIÉTÉS DE
MÉDECINE PRATIQUE DE MONTPELLIER, TOULOUSE, BORDEAUX, MARSEILLE,
LA NOUVELLE-ORLÉANS, ETC., MEMBRE DES COMITÉS DE
SURVEILLANCE DES ÉCOLES PRIMAIRES, MÉDECIN
DU GRAND HÔTEL-DIEU DE LYON, ET
MÉDECIN DE LA MANUFACTURE
ROYALE DE TABACS
DE CETTE
VILLE.

LYON.

MAIRE, LIBRAIRE, RUE MERCIÈRE.

—

1836.

IMPRIMERIE DE L. BOITEL, QUAI SAINT-ANTOINE, 36.

FRAGMENT

POUR SERVIR À

L'HISTOIRE DE LYON,

pendant

LES ÉVÉNEMENTS DU MOIS D'AVRIL 1834.

Le mercredi, 9 Avril 1834, de 7 à 9 heures du matin, je parcourais quelques quartiers du midi et de l'ouest de la ville. L'inquiétude et l'effroi se lisaient sur tous les visages; à peine paraissait-on se connaître et néanmoins on se parlait, on se questionnait, chacun cherchait à découvrir dans les yeux des autres s'il restait encore quelqu'espérance de voir l'agitation populaire se calmer sans conflit, ou si la lutte à main armée, entre les factions et la force publique, était réellement inévitable. Dans d'aussi cruels moments, en effet, la perplexité est à son comble; on s'informe de tout; on a besoin de tout savoir, parce qu'il n'est personne qui n'ait pas de précautions à prendre pour sa propre sûreté, pour celle de ses proches. Mais ce besoin d'éclaircissements ne put être satisfait, car ceux que l'on interrogeait n'en savaient pas plus que les interrogateurs et le combat était déjà engagé sur différents points que, sur les points opposés, un grand nombre de citoyens n'en étaient pas instruits et, se plaisant encore à croire qu'il n'aurait pas lieu, furent surpris loin de leur demeure où il leur devint impossible de rentrer, tant furent promptes la conflagration, la prise d'armes et l'interception de toute communication. (1)

A 9 heures, j'étais sur la place St-Jean. Quelques soldats, bien faibles, au milieu des flots tumultueux qui les pressaient, furent, en ma présence, repoussés et désarmés en partie. Des ouvriers se firent un trophée de leurs fusils qu'ils portaient la crosse en l'air. Je ne fis qu'entrevoir quelques autres scènes qui se passaient non loin de là ; pressé que j'étais de me rendre à mon domicile, je m'acheminai rapidement vers la place des Cordeliers.

Un spectacle plus effrayant m'y attendait, le cri : *Aux armes!* y retentissait d'une façon lugubre ; la populace se précipitait, s'emparant de vive force de tout ce qui pouvait servir à for-

(1) A dater de ce moment et pendant toute la durée de la lutte, l'apparition sur la voie publique de tout individu qui ne portait pas l'habit militoire, mettait son existence en péril ; l'impossibilité de reconnaître, sous le vêtement bourgeois, l'homme paisible du factieux, obligeait les soldats à traiter en ennemi quiconque n'était pas revêtu de l'uniforme. C'est à cette cruelle nécéssité où il se trouvait qu'il faut attribuer la mort malheureuse d'un certain nombre de personnes inoffensives qui ont été tuées dans les rues par suite de l'erreur que je viens de signaler.

D'un autre coté aux yeux des insurgés, si l'on se montrait couvert, non seulement du costume militaire, mais encore d'un costume civil, un peu décent, ou était en état de suspicion et en butte à la fusillade. On conçoit d'après cela, quels dangers couraient de toutes parts, les bons citoyens et l'on s'explique, en les relevant aussi de l'injuste accusation portée contre eux jusqu'à la tribune nationale, comment le soin de leur conservation les a mis dans l'impossibilité de se réunir pour opposer une digue au torrent et concourir à mettre promptement un terme à la révolte.

mer des barricades, bientôt l'entrée de chacune des sept rues qui débouchent sur cette place, fut obstruée par des voitures, des charettes, des portes, des planches amoncelées, enchevetrées les unes dans les autres. En quelques endroits les pavés furent arrachés et portés aux étages supérieurs des maisons les plus élevées, particulièrement de celle que j'habite n. 2. Les insurgés firent des visites domiciliaires dont le résultat fut l'enlèvement de quelques habits d'uniforme de l'ex-garde nationale, d'un petit nombre de fusils de munition, la plupart en mauvais état, et de plusieurs beaux fusils de chasse qu'ils promirent de rendre s'ils ne périssaient pas dans le combat.

Une lutte sanglante s'engagea dans les rues adjacentes, principalement sur le quai du Rhône; quelques balles arrivaient de temps à autre jusques sur la place. Des ouvriers s'emparèrent du clocher de l'église St-Bonaventure et sonnèrent le tocsin presque sans interruption. L'on ne tarda pas à apporter dans l'officine de M. Guichard, pharmacien, les combattants que la mitraille ou les balles avaient atteints et je fus appelé à leur donner les premier secours.

Arrivé à cette ambulance improvisée, je me trouvais entouré des soldats de la nouvelle république. Le tableau qui s'offrit à mes regards me frappa en reportant mon esprit sur le passé. Ils sont loin de nous ces jours de terreur et de désolation qui signalèrent les premières années de la révolution française... et néanmoins je me crus un instant en face des hommes de cette horrible époque. C'étaient les mêmes figures les mêmes costumes, le même langage; quoique je fusse bien jeune en ce temps de désastreuse mémoire, il se retraça à ma pensée comme un souvenir de la veille. Je revoyais mes foyers envahis par les satellites de la Convention, par cette soldatesque de carrefour, arrachant un père, et c'était le mien!... du sein de sa famille éplorée, et le traînant dans les cachots sous le poids de cette accusation qui était alors un arrêt de mort, l'accusation d'*avoir pansé les blessés pendant le siége!*....

C'était une bien triste rêverie, j'en fus tiré par un des insurgés qui, en me pressant le bras, me dit : *Citoyen, aie bien soin de ce camarade, la république te récompensera.* Ce camarade était un homme du peuple, d'une stature élevée, d'une forte constitution, et encore à la fleur de l'âge. Une balle lui avait fracturé l'os pariétal droit, dont un des fragments l'avait divisée elle-même, de telle sorte qu'une partie de ce projectile était restée solidement engagée dans la plaie. Je fis l'extraction avec beaucoup de peine et j'appliquai le premier appareil.

Pendant une aussi cruelle opération, ce malheureux paraissait beaucoup moins occupé des douleurs atroces qu'il devait ressentir, que du tocsin que, ne cessait-il de répeter, l'on sonnait très maladroitement !....

Je le fis porter à l'Hôtel-Dieu, les voisins mirent de l'empressement, au moins pour les premiers blessés, à fournir les choses nécessaires à leur pansement et à leur transport. Ce convoi n'arriva pas à sa destination sans difficulté ; je parvins cependant à faire comprendre que de quelque parti que l'on soit, aucune considération ne permet de s'opposer à ce que les blessés parviennent librement à l'hôpital ; et durant toute cette journée l'on n'éprouva plus d'obstacle à cet égard. Je profitai même d'un de ces convois pour me rendre à l'Hôtel-Dieu où m'appelait mon service.

Ce premier malade a succombé aux suites de sa blessure que j'avais bien jugée mortelle. — Un second fut apporté qui avait les deux cuisses traversées d'une balle ; après avoir largement débridé les ouvertures, j'opérai le pansement. — Chez un troisième, la presque totalité des muscles fessiers avait été emportée par la mitraille ; la mutilation paraissait horrible, mais à la suite d'une assez longue suppuration une cicatrice s'est formée. — Un autre avait eu la masse presqu'entière des muscles de la région antérieure des cuisses enlevée par un boulet, et les deux fémurs étaient à découvert, il a parfaitement guéri, et sert maintenant dans un des régiments contre lesquels il se battait alors. — Plusieurs autres blessés suivirent ceux-ci; et les soins ne leur manquèrent pas, M. le docteur Balme étant venu y concourir avec moi.

Appelé à visiter des ouvriers qui s'étaient fait transporter dans leur domicile, je fus à portée de faire les observations suivantes.

L'un avait été blessé à la jambe gauche; la balle avait traversé le mollet de bas en haut et s'était perdue dans l'articulation fémoro-tibiale, je présume qu'étant sur un toit, il avait été atteint par un coup de feu tiré de la rue. Cet homme, agé d'environ 26 ans, était d'un tempérament lymphatique et en proie depuis long-temps à une maladie psorique. J'ai toujours trouvé son lit couvert d'opuscules écrits pour exciter et réchauffer l'opinion républicaine; et plusieurs fois il m'a parlé de la belle position que lui vaudrait sa blessure sous le gouvernement républicain que nous allions avoir le bonheur de posséder; il mourut vers le quinzième jour.

Deux autres avaient eu l'épaule droite traversée par une balle. Chez le premier, à en juger du moins par la place qu'occupaient les plaies extérieures, le projectile, s'il eût marché en ligne droite, aurait dû léser les os et les vaisseaux; mais il paraît qu'il avait dévié, car, en moins de quarante jours, la guérison a été complète, et il n'est resté à ce blessé qu'un peu de gène dans les mouvements et une légère douleur qui se fait ressentir lors des variations de la température. — Chez l'autre, le rétablissement s'est fait attendre pendant huit mois; quelques petites exfoliations ont eu lieu, la vie même a été compromise. Cet ouvrier ordinairement occupé dans un atelier d'étoffes de soie, agé de 35 à 36 ans et d'un tempérament lymphatique, avait eu dans sa jeunesse une affection scrophuleuse. — Il y a long-temps que la remarque en a été faite; les maladies aigues, soit externes, soit internes, et je place les blessures dans la première catégorie, sont bien plus graves et bien plus souvent mortelles pour les individus dont la constitution était préa-

lablement altérée par des excès, par quelque maladie antérieure, ou par quelque lésion organique, que pour ceux qui
jouissent habituellement d'une bonne santé.

Le nombre des ouvriers que j'ai vu réunis ce jour-là sur la
place des Cordeliers s'élevait à peine à vingt, il y en avait
peut-être autant de disséminés aux alentours et qui étaient
occupés à veiller sur les barricades ou bien à les défendre;
toutefois le nombre réel de ces derniers était assez difficile à
préciser. A l'exception de deux ou trois jeunes gens, assez
proprement vêtus et portant des ceintures, cette petite troupe
se composait d'hommes, pour la plupart très jeunes aussi,
mais mal vêtus et mal armés; plusieurs étaient coiffés
du bonnet rouge, et l'on ne remarquait parmi eux aucun chef.
L'un deux, s'apercevant du peu de confiance que j'accordais
à ses paroles, me dit : « Rassure-toi, citoyen, la république,
« que nous allons avoir, ne sera pas sanglante comme celle
« de *septante-trois!* » Du reste ils me parurent assez décon-
certés dès le début. *Nous sommes vendus*, disaient les uns;
nous manquons d'armes et de munitions, disaient les autres,
et l'on nous tue comme des agneaux.

Le feu ne fut pourtant pas très animé, pendant la première
journée, sur cette place. Une compagnie de grenadiers com-
mandée par un officier, la traversa sans accident, marchant
avec circonspection et tirant seulement quelques coups de
fusils sans s'arrêter. Durant quelques instants le tocsin cessa
de se faire entendre.

Le lendemain 10, je me rendis à l'Hôtel-Dieu à huit heures
du matin; et ce ne fut pas sans peine que je pus franchir les
rues et les barricades existantes entre mon domicile et cet
établissement où je trouvai, comme on va en juger, d'autres
devoirs à remplir qui m'obligèrent à y passer la plus grande
partie de mon temps jusqu'au lundi 14.

Les hôpitaux créés par la munificence des souverains ou
par la charité publique, et destinés à répandre leurs bien-
faits sur tous les hommes indistinctement, quelles que soient

leurs opinions politiques ou religieuses, les hôpitaux jouissent au milieu des guerres civiles d'une sorte de neutralité qui leur est indispensable et qui a quelque chose de sacré. Ouverts aux hommes de tous les partis, ils deviennent un rendez-vous général pour quiconque a besoin de secours. Tous ceux qui sont employés, à quel titre que ce soit, dans ces établissements, sont en possession d'une espèce de privilége. Ils sont respectés par les ennemis comme par les amis et protégés autant que possible dans les excursions qu'ils sont obligés de faire, même au loin, pour le service de la maison. Nul autre lieu n'était donc plus convenable que l'hôpital pour être au courant de ce qui se passait dans les différents quartiers de la ville. Je profitai de cette position pour jouer le rôle d'obser_ vateur et pour rendre quelques services.

Je vais raconter ce que j'ai vu et ce que j'ai fait.

L'Hôtel-Dieu de Lyon, est un des plus considérables hôpitaux de France; il renferme plus de quinze cents personnes, et sa destination dans les jours de combat, surtout dans ceux de troubles civiles, est encore plus importante que dans les temps ordinaires. Placé en face des batteries établies sur la rive gauche du Rhône; touchant, par son voisinage et par la continuité même de ses constructions, à un quartier populeux qui était un des premiers foyers de l'insurrection, il avait à redouter à la fois le bombardement, l'incendie et l'invasion des combattants de l'intérieur. Il fallait pourvoir aux approvisionnements journaliers, recevoir et faire soigner convenablement les blessés qui arrivaient de minute en minute (2),

(2) 222 blessés ont été reçus à l'Hôtel-Dieu depuis le 9 avril jusqu'au 4 mai; sur ce nombre, 90 étaient morts lors de leur entrée, et la moitié au moins de ces derniers n'a pu être reconnue ; plusieurs n'ont été apportés à l'hôpital, qu'après avoir passé les premiers jours dans les ambulances ou dans leurs domiciles; enfin il en est quelques-uns qui n'ont été blessés que par erreur ou par accident.

Il résulte d'un relevé fait sur les registres de l'Hôtel-Dieu , que presque tous ces blessés appartiennent à la classe des artisans ; que 35 sont nés à Lyon , 12

héberger ces malheureux qui accouraient, fuyant, au milieu de la nuit, leurs maisons incendiés, et chargés des dé-
bris de mobilier qu'ils avaient pu arracher aux flammes ; il
fallait enfin accueillir quelques personnes notables, réduites
à demander un asyle à l'hospice, ou à rester exposées, sur la
voie publique, aux coups de feu qui se croisaient continuelle-
ment. On conçoit combien était nécessaire, en de telles circonstances, une surveillance active, courageuse et éclairée.
Il convenait même qu'elle fut exercée, et dirigée par un
homme connu dans l'établissement, y ayant de l'influence et de
l'autorité, et auquel chacun fût disposé à obéir. Eh bien! cet
homme a été promptement trouvé, ou pour mieux dire on a
pas eu la peine de le chercher. Le premier des administra-

dans le département du Rhône mais hors de la ville ; 11 dans celui de l'Ain ;
10 dans celui de l'Isère ; 9 dans celui de Saône-et-Loire ; 7 dans celui de la
Loire, et autant dans le Jura ; les autres très-disséminés avaient pour lieu de
naissance trente autres départements, excepté 20 qui étaient étrangers, et
parmi lesquels on comptait 7 savoyards, 29 n'avaient pas vingt ans ; le plus
grand nombre appartenait à l'âge adulte ; 22 étaient âgés de 50 à 77 ans.
La plupart avaient leur domicile habituel dans les faubourgs, particuliére-
ment dans ceux de la Guillotière et de la Croix Rousse ; les autres sortaient
presque tous des quartiers les plus populeux et surtout des rues que l'on ren-
contre entre la place des Cordeliers et la rue de la Barre, entre le quai du
Rhône et la place des Jacobins. Quant à la proportion dans laquelle chaque
profession paraît avoir fourni des combattants, j'ai compté 31 ouvriers en soie,
25 journaliers et domestiques, 14 cordonniers et 10 tailleurs ; le reste appartenait à des professions très diverses.

Il est inutile, sans doute, de faire observer que ce n'est ici qu'une faible
portion de la statistique des individus morts ou blessés dans la classe ouvrière
pendant les journées d'Avril ; car, pour en avoir le nombre total, il faudrait
ajouter à ce travail, un travail analogue en ce qui concerne les malades ad-
mis dans les diverses ambulances improvisées, et ceux qui se sont fait traiter
dans leur domicile. Mais les calculs portés sur ce tableau, établissent d'une
manière à peu près positive, la proportion numérique des morts et des blessés, suivant l'âge, le pays et la profession des individus qui ont pris part à
l'insurrection.

teurs que l'amour du bien public et le désir d'être utile aient amenés à l'hôpital le mercredi matin, fut M. Victor Arnaud. Il se dévoua à cette pénible et périlleuse mission pendant les six journées de cette conflagration déplorable, faisant abnégation complète de ses affaires et de ses propres intérêts, surveillant les différents services, assurant les subsistances nécessaires à un aussi nombreux personnel, ne quittant la maison, pendant de courts instants, que pour s'occuper au dehors des affaires impérieuses qui la concernaient et ne tenant alors aucun compte des dangers personnels qu'il avait à courir. Enfin on doit le dire, cet administrateur a rempli tous les devoirs qu'il s'était volontairement imposés dans ces tristes jours, avec un zèle, une fermeté et une prudence dont le souvenir est trop honorable pour ne pas devoir être conservé.

Sans s'être trouvés à même de se consacrer aussi exclusivement au service des pauvres, MM. les collègues de M. Arnaud n'en ont pas moins été utiles à cet établissement en tout ce qui a dépendu d'eux; plusieurs fois durant cette longue crise, j'y ai remarqué la présence et l'activité de MM. Terme, Baudrier et Billet.

Les médecins titulaires de l'hôpital n'y ont point leur domicile et ne pouvaient y venir faire leur visite sans exposer grièvement leurs jours. Afin que les *six cents malades* confiés à leurs soins ne souffrissent pas de leur absence, M. Arnaud trouva moyen de suppléer sans délai ceux que d'aussi insurmontables obstacles empêchaient d'exercer leurs fonctions, il me chargea de ce surcroît de travail, et pour s'assurer de l'entière exécution de cette mesure, il m'invita à m'établir, à demeurer dans l'hospice pour tout le temps que durerait l'insurrection.

Il est inutile de dire que tous les chirurgiens étaient à leur poste et qu'ils ont déployé ce savoir et ce dévoûment dont ils donnent chaque jour de nouvelles preuves. Quant aux jeunes élèves, craignant que leurs camarades ne pussent suffire au pansement des blessés, ils sont venus en assez bon nombre et de leur propre mouvement, s'enfermer avec eux pour les aider au besoin. Heureusement leur concours n'a pas été nécessaire.

Mais ce que l'on ne saurait proclamer trop haut, c'est que l'exemple du plus grand courage a été donné par les *Frères* et par les *Sœurs* de cet hôpital; surtout par ces dernières qui ont entièrement dépouillé la faiblesse et la pusillanimité de leur sexe. On les a vues tous les jours parcourir la ville et passer hardiment dans les endroits où le péril était le plus imminent, soit pour se procurer des provisions, soit pour rendre d'autres services non moins essentiels. Rien ne les arrêtait, ni les barricades, ni les menaces des combattants, ni même le sifflement des balles; et c'est accomplir un devoir que de leur payer ici le juste tribut de reconnaissance qu'elles méritent.

Le poste militaire de la maison qui se compose d'une douzaine d'hommes, et qui est chargé de maintenir l'ordre intérieur, n'a point cessé son service accoutumé. Toutefois on avait eu la précaution de défendre aux soldats de porter le fusil, et dans leurs factions, ils étaient armés seulement du sabre et de la bayonnette.

Grâce à la courageuse résistance de M. Arnaud, le claustral de l'Hôtel-Dieu a été respectée par les insurgés, de même que par la troupe de ligne. Une fois occupé par l'un des deux partis, il fut infailliblement devenu un champ de bataille; et quels maux immenses n'en seraient-ils pas résultés?.......

La première nuit, celle du 9 au 10, avait été une nuit de terreur pour l'Hôtel-Dieu. Un terrible incendie dévorait plusieurs maisons de la rue de l'Hôpital, et précisément celles situées du coté où cet édifice est en contact immédiat avec les constructions adjacentes (1); l'une des principales

(1) Le danger que courut alors l'Hôtel-Dieu, peut se renouveler chaque

boucheries de la ville, placée dans l'édifice même, et dont les vastes greniers servent d'entrepôt aux graisses, se trouvaient trés rapprochés du lieu de l'incendie, (à peine la distance était-elle de soixante à soixante et dix pas); il y avait impossibilité absolue de diriger convenablement les secours au milieu de la nuit et des coups de fusil qui n'avaient aucun relâche; tout enfin contribuait à redoubler la crainte de voir le feu se communiquer jusqu'à l'hospice même et détruire un établissement qui satisfait à tant de besoins, qui soulage tant de misères, et dont la perte se ferait si cruellement sentir, non seulement à Lyon et dans le département; mais encore dans tous les pays circonvoisins dont la population vient journellement y chercher des secours qui ne manquent jamais à personne.

Tandis que l'on s'occupait, avec toute l'ardeur permise dans la circonstance, des mesures les plus propres à le garantir des flammes, et que l'on enlevait les archives de leur local ordinaire, très rapproché du point menacé par le feu, une foule d'habitants des maisons incendiées venaient demander un asile pour eux, pour leurs femmes, pour leurs enfants pour le peu de meubles et de hardes qu'ils avaient sauvé. Tous y reçurent l'hospitalité, tous y furent logés et nourris pendant plusieurs jours, et le plus grand ordre ne cessa pas un instant de régner au milieu de tous ces éléments de trouble et de confusion.

jours, par mille circonstances fortuites, tant qu'il sera en continuité de construction avec d'autres bâtiments. Il est donc indispensable que la rue de l'Attache des Bœufs soit ouverte, depuis la rue Grolée, où elle finit, jusqu'à celle de l'Hôpital. Ce serait là sans doute un embellisement dont ce quartier a grand besoin; mais l'isolement qui en résulterait pour l'hospice, le mettrait à l'abri des périls dont il est trop souvent menacé; comme aussi, dans le cas de maladie épidémique et contagieuse existante à l'hôpital, il en rendrait moins facile la propagation au dehors; la salubrité réciproque de l'hôpital et de la ville serait aussi un grand bienfait. Fasse le ciel que ces puissantes considérations déterminent l'administration et l'autorité à ne pas retarder plus long-temps l'exécution d'une aussi urgente mesure.

Pendant ces cinq mortelles journées, je montai plusieurs fois avec MM. Arnaud et Sauzet (1) au dôme qui surmonte ce monument, et, de la galerie élevée qui entoure ce dôme, nous dominions la ville d'assez haut pour suivre la majeure partie des mouvements opérés soit par les troupes, soit par les insurgés. Il me serait impossible de rendre tout ce qu'avait de grand et de profondement impressionnable le spectacle qui s'offrait à nos regards!

Cette longue suite de quais et de ponts, d'ordinaire si encombrés de population, si pleins de vie et de mouvement, alors nuds, solitaires et silencieux comme la tombe! Des artilleurs avec leurs pièces, formant seuls de petits groupes, à une grande distance les uns des autres, et dans la direction desquels aucun être vivant n'osait se montrer; plus loin, sur la rive gauche du Rhône, les manœuvres de l'artillerie volante; çà et là, mais dans un prudent éloignement, de rares insurgés se cachant, un à un, derrière une muraille ou une palissade, pour harceler les postes par quelques coups de fusil, et bientôt débusqués par la venue d'un détachement qui les forçait à prendre la fuite; à la tête de chaque pont, les troupes rangées en bataille; sur celui de la Guillotière, le convoi d'un militaire blessé que ses camarades apportaient à l'hôpital, rencontré et salué par le général et son état-major allant visiter les positions sur la rive opposée; d'un autre côté, à l'ouest et au nord, principalement à la Croix-Rousse, où l'œil ne pouvait distinguer les détails, les détonnations continuelles et d'incessantes fumées n'indiquaient que trop les lieux où l'on se battait, d'une part avec vigueur, de l'autre avec une résistance acharnée : tel est le tableau qui se déroulait devant nous, et dont la plume la plus habile ne saurait peindre l'effet terrible et prodigieux.

Le 11, surtout, fut un jour dont le souvenir ne s'effacera point de notre mémoire. Par un feu des plus intenses,

(1) Trésorier des hôpitaux.

une batterie réduisait en cendres les premières maisons de
la grande rue de la Guillotière ; des tourbillons de flammes
qui allaient se perdre dans les nues, sortaient comme une
masse immense et épouvantable de vingt bâtiments continus
qu'elles dévoraient à la fois ; de la tête orientale du pont
Lafayette, une autre batterie bombardait le quartier des
Cordeliers où une maison a également été détruite de fond
en comble ; et sur la Saône, le pont Chazourne et un ba-
teau de foin brûlaient en même temps. L'horreur de ce
spectacle, l'incertitude où nous étions sur la durée d'une
lutte qui causait de tels malheurs, et qui pouvait en ame-
ner de plus grands encore ; tout nous glaça d'effroi ; nous
descendîmes sans pouvoir dire un mot ; et chacun de nous
retourna, triste et consterné, à l'exercice des fonctions qui
lui étaient dévolues.

Des affaires urgentes et le besoin d'avoir des nouvelles
de plusieurs amis, me déterminèrent, chaque jour de cette
fatale semaine, à sortir pendant quelques heures. Quoique
muni de *laissez-passer* délivrés par les diverses autorités, mes
excursions dans les quartiers occupés par la garnison, comme
dans ceux que les ouvriers avaient envahis n'étaient point
sans danger, et, plus d'une fois, des officiers m'ont dit : « Puis-
« que vous avez un permis du général, allez ; mais si ce
« morceau de papier vous garantit d'une balle, tant mieux
« pour vous. »

Je visitai souvent la place des Cordeliers. Les combattants
y étaient un peu plus nombreux que le premier jour ; quelques ouvriers armés paraissaient, de temps à autre, sur les
toits, principalement sur celui de la maison n° 25, qui fait face
au portail de l'église de Saint-Bonaventure ; il y avait là
une demi-douzaine d'hommes au plus. L'un observait les
mouvements des troupes, à l'aide d'une lunette qu'il dirigeait
le plus souvent sur les hauteurs qui dominent le centre de la
ville, à l'ouest et au nord. Les autres, parfaitement abrités
par une maison voisine plus élevée de quelques pieds, voyaient

on ne peut mieux ce qui se passait aux Brotteaux, et ti-
-raient presque sans aucun risque, dans la direction du pont
Lafayette. Un tambour qui battait, tantôt la générale, tantôt
le rappel, parcourait les rues environnantes, et le tocsin
ne cessait de se faire entendre. L'un et l'autre n'ame-
naient guères de nouveaux combattants; mais tout ce bruit
pouvait de loin donner à penser qu'il y avait sur ce point
beaucoup plus de monde qu'il ne s'y en trouvait réellement;
et sous ce rapport les insurgés atteignaient en partie leur but.

Le 10, en allant demander un laissez-passer au quartier-
général, je traversai la place Louis-le-Grand, l'une des plus
vastes de France, et sans contredit le plus bel ornement de
notre cité. Je n'y avais jamais vu les troupes qu'aux jours de
grandes revues, au milieu d'une population immense, cu-
rieuse d'admirer leur belle tenue, la régularité et la préci-
sion de leurs manœuvres. Mais alors cette place présen-
tait un aspect tout autre, et qui excitait une émotion bien opposée. Ces troupes étaient là campées comme au milieu d'un
champ de bataille, et repoussaient par le canon et la mitraille ce même peuple dont jadis elles étaient heureuses
et fières de se voir entourées!.... Quel empire n'ont donc pas
sur l'armée française, le sentiment de ses devoirs, l'obéis-
sance aux supérieurs, la force de la discipline et de la su-
bordination!....

Couverte de militaires de toutes armes, de canons, d'obu-
siers et de munitions de toute espèce, cette place était trans-
formée en un véritable bivouac. Des feux étaient allumés çà
et là, car l'atmosphère était humide et froide; des bara-
ques élevées à la hâte et des tranchées pratiquées sur divers
points servaient d'abri aux soldats.

J'étais loin de penser, en examinant ce lugubre appareil
de guerre, que ma présence allait influer sur un événement
militaire d'une haute importance.

Je demandais des nouvelles de quelques officiers, mes
amis, lorque j'aperçus l'un d'eux, M. Million, commandant

du génie; il était triste et rêveur. — D'où vous vient, lui dis-je, cet air abattu, à vous dont le courage a été tant de fois éprouvé ? — On serait triste à moins. — Mais il me semble que nos troubles civils sont sur le point de finir. — Et qui vous donne lieu de le croire ? nous apportez-vous des nouvelles ? vous habitez la place des Cordeliers, l'un des principaux centres de l'insurrection : les ouvriers y sont-ils en force ?

J'appris alors à cet officier que sur cette place les rebelles étaient à peine au nombre de soixante ; que la plupart manquaient de fusils, n'étaient armés que de mauvais pistolets, de vieux sabres et de piques qu'ils avaient fabriquées eux-mêmes, en attachant divers instruments tranchants à des bâtons. J'ajoutai que je sortais de la Préfecture, où M. le secrétaire-général m'avait paru tranquille, qu'il m'avait dit que cette malheureuse lutte touchait à sa fin, et qu'il croyait que dès le lendemain la circulation dans les rues serait permise à tout le monde ; qu'à la vérité ce langage pouvait être celui d'un fonctionnaire désireux de rassurer les habitants ; mais que je ne pouvais prendre pour des paroles hasardées les dires de deux citoyens recommandables que je venais de voir, arrivant l'un de Vienne et l'autre de St-Etienne; que le premier, M. Ithier, manufacturier, qui avait bien voulu se charger de la mission difficile de venir chercher des nouvelles de Lyon, et d'y en apporter de Vienne, assurait que les ouvriers de cette dernière ville ne faisaient aucun mouvement, qu'ils ne manifestaient aucune effervescence vraiment inquiétante, ne paraissaient nullement disposés à marcher sur Lyon, et qu'il serait aisé de les maintenir dans ces dispositions pacifiques ; que le second, M. Oberkampf, négociant du quartier St-Clair, qui venait de St-Etienne et que nous avions reçu à l'Hôtel-Dieu parce qu'il lui avait été impossible de se rendre chez lui, nous avait également donné de très-satisfaisantes nouvelles sur l'état moral de la population dans la ville d'où il sortait ; que ces deux voyageurs s'accordaient pour affirmer que des gardes nationales seraient

suffisantes pour maintenir l'ordre dans ces deux cités indus-
trielles ; qu'ils n'avaient rencontré personne sur les deux rou-
tes qu'ils avaient parcourues, et n'y avaient rien vu qui put
faire croire à la prompte venue à Lyon d'auxiliaires pour le
parti de l'insurrection.

M. le commandant Million sentit toute la portée de nouvelles aussi rassurantes et aussi positives sur la situation des
deux villes manufacturières les plus peuplées de celles qui
nous avoisinent. Voulez-vous, me dit-il aussitôt, venir avec
moi donner vous-même ces renseignements au général Ay-
mar. — Tout de suite, lui répondis-je ; trop heureux si je
puis être utile à mon pays dans une circonstance aussi grave.
Nous nous rendîmes dans la baraque, destinée au corps-de-
garde habituel de la place, qui était alors occupé par M. le
lieutenant-général et un grand nombre d'officiers supérieurs,
et où nous fûmes reçus par un capitaine d'état-major, M. Duterrail. Je lui répétai tout ce que j'avais dit au commandant Million ; et comme le général était en ce moment
en travail particulier avec M. le colonel Aupick, son chef
d'état-major, M. Duterrail me pria d'attendre et alla lui communiquer les détails que j'apportais. Je le laissai aller sans ré-
fléchir qu'attendu l'approche de la nuit, j'étais dans l'impossibilité d'attendre. Aussi peu d'instants après, pris-je congé de
M. Million en lui disant que, plus tard, le danger serait par
trop grand pour moi ; que d'ailleurs M. Duterrail et lui savaient tout ce que j'avais à dire, et que ma présence en ce
lieu était désormais inutile. Je me retirai, et je retournai à
l'Hôtel-Dieu, tout étonné que j'étais de n'avoir pas trouvé
l'état-major général mieux informé de ce qui se passait dans
la ville et au dehors.

Ce ne fut que le 16 que je revis le commandant Million, et
que je pus connaître le résultat des nouvelles que j'avais
données. « Ah ! docteur, me dit-il, du plus loin qu'il m'aper-
« çut, vous ne vous doutez sûrement pas de l'effet qu'a
« produit votre bonne arrivée au quartier-général ! L'impor-

« tance des renseignements précis que vous avez fournis a eu
« la plus grande et la plus heureuse influence sur les disposi-
« tions militaires, et ils sont, à mes yeux, une des causes
« majeures de l'abandon du projet, déjà comme arrêté, de
« faire évacuer une partie de la ville par les troupes qui la
« défendaient. » (1)

Sans m'énorgueillir d'avoir eu quelque part à un événement
favorable à notre cité, mais toutefois en me félicitant dans ma
conscience, d'avoir eu le bonheur d'y concourir, je dois
déclarer que ce fut en effet après mon rapport à MM. Million et Duterrail, que l'on apprit que l'autorité militaire avait
renoncé à faire opérer un mouvement rétrograde aux troupes
qui occupaient le centre de la ville.

Mon but n'étant point d'écrire une histoire complète des
événements d'Avril, mais seulement de relater quelques faits
qui étaient à ma connaissance personnelle, et qui me sem-
blent dignes d'être conservés, c'est ici que se termine natu-
rellement la notice que j'étais depuis long-temps dans l'inten-
tion de publier.

Il me serait facile d'y ajouter, comme corollaire, le tableau
des désastres auxquels Lyon a été en proie pendant ces six
journées de deuil. Mais à quoi bon perpétuer le doulou-
reux souvenir de ces désastres qui ont été sitôt réparés, et
de ces ruines qui ont si miraculeusement disparu ? N'oublions
pas les maux affreux qu'entraînent après elles les discordes
civiles ; conservons-en la mémoire comme une grande et sé-
rieuse leçon, mais applaudissons-nous de jouir de la tran-
quillité publique et de la l'activité commerciale qui nous
sont venues en aide après des jours néfastes, et sachons mé-
riter, par notre sagesse et notre modération, cette prospérité
que le présent promet plus riche encore à l'avenir.

(1) Ce fait se trouve également consigné dans l'ouvrage de M. Montfalcon,
intitulé : *Code moral des ateliers, ou Traité des devoirs et des droits des classes
laborieuses*. 3ᵉ édition, 4ᵉ partie. (*Troubles de Lyon*), p. 626.